本作品入选2018年
“原动力”中国高校动漫出版孵化计划

图说 流动的历史 中国大运河

张启晨◎著　胡　嘉◎绘

南京出版传媒集团
南京出版社

图书在版编目（CIP）数据

流动的历史：图说中国大运河 / 张启晨著；胡嘉绘. -- 南京：南京出版社，2021.10

ISBN 978-7-5533-3342-7

Ⅰ. ①流… Ⅱ. ①张… ②胡… Ⅲ. ①大运河－文化遗产－中国－图解 Ⅳ. ①K928.42-64

中国版本图书馆CIP数据核字（2021）第143449号

书　　名　流动的历史——图说中国大运河
著　　者　张启晨
绘　　者　胡　嘉
联合创作　陆　希　张　倩　周　璇　顾卫国　郑冰冰
出版发行　南京出版传媒集团
　　　　　南　京　出　版　社
社址：南京市太平门街53号　　邮编：210016
网址：http://www.njcbs.cn　　电子信箱：njcbs1988@163.com
联系电话：025-83283893、83283864（营销）　025-83112257（编务）
出 版 人　项晓宁
出 品 人　卢海鸣
责任编辑　孙海彦
装帧设计　石　慧
责任印制　杨福彬
排　　版　南京新华丰制版有限公司
印　　刷　南京凯德印刷有限公司
开　　本　889毫米×1194毫米　1/16
印　　张　4
字　　数　25千
版　　次　2021年10月第1版
印　　次　2021年10月第1次印刷
书　　号　ISBN 978-7-5533-3342-7
定　　价　28.00元

目录

晨晨

咦？老神仙！老神仙？不是说天下的江河湖海都是计划安排好的吗？这怎么突然多出一条河来？这究竟是怎么一回事呢？

老神仙

孤陋寡闻了不是！连大运河都不知道。和我一起去看一看，我带你游历千年、穿越古今，给你讲讲这大运河的前世今生！

运河缘起

随着生产力和生产技术的进步，聪明睿智的中国人不再满足于单纯依靠自然、顺应自然、服从自然。面对日常生活最重要也最不可或缺的水利资源，他们开始开动脑筋，运用有限的技术最大限度地对自然进行开发利用，使其更好地服务于他们的生产生活。随着大一统帝国的建立，人力物力的征集调动比过去更为高效，无数朴实善良的劳动者们，创造出无数奇迹。

大运河就在这样的摸索尝试中诞生，并在以后的时间里，持续对中国产生影响。

自来的水

打开水龙头，自来水就像它的名字一样，顺着水管直通千家万户。可是，就在半个世纪前，特别是新中国刚刚成立那会，关于“水”的矛盾尤为突出：一边是水患连连人民生命财产受到极大威胁，一边是土地干旱连基本的生活用水都得不到保证，形势从未有过的严峻！

在党和国家的坚强领导下，淮河治理、黄河清淤、南水北调……堤坝加固、退耕还林……经过几十年的治理和改进，整个中国的水体面貌得到极大改观，这样的安全便捷在我国古代是不可想象的！

水之中国

今天，用水难虽然得到了暂时缓解，但不容忽视的是，中国仍旧是一个水资源严重匮乏的国家，特别是可供饮用的淡水，中国的人均拥有量远低于世界平均水平。

我们的国家实在太大了！水资源的分布也极不均匀，主要特点可以概括为“黄淮多灾、南多北少”：“黄”是指黄河，“淮”是指淮河。历史上这两条河流很不安分，时不时就会威胁两岸人民的生命财产安全。以秦岭、淮河为界，南方的水资源较为丰富，而北方地区的水资源相对匮乏，我们的祖先长期被水的问题所困扰。

逐水而居

在世界历史上，一共有四大文明古国，即古巴比伦、古印度、古埃及和中国。

对比以上几个文明，有一个惊人的相似点，那就是它们都位于某一大型河流的附近，分别是幼发拉底河、印度河、尼罗河与黄河。其实这也不难解释，当时是农业社会，对水资源依赖很深，沿河居住是人类客观的生存需要。亲水近水，符合人类科学发展规律，当代社会仍旧遵循这个规律。

大禹治水

随着农业的发展，水资源的重要性越发突显。可是“大水无情”，植被破坏、河流改道、暴雨肆虐、山洪暴发，在自然面前，人类无能为力。

部落首领召开会议，推选部落中最聪明、最强壮的人去解决这个问题。最终，大禹得到了部落的认可，开始了他艰难的治水历程。面对四处肆虐的洪水，他并没有采用对抗、围堵这些方法，而是巧妙地观察水流的走向、河道的规律，通过疏通河道、拓宽河床等方式，诱导水流在设定的路线轨道中行走，保证了河流运行的稳定。他的治水成功为后世留下许多宝贵的经验。

卧薪尝胆

春秋时期，长江中下游有两个国家，吴国和越国。两家离得实在太近，动刀动枪是家常便饭。

吴王夫差打败了越王勾践。为求自保，勾践去吴国做了三年奴隶，吴王对他进行了极其过分的羞辱。勾践回国后，每天睡在简陋的柴草堆里，房梁上挂着一个苦胆，稍有松懈，就去舔一舔苦胆，并且大声责问自己，你难道忘记在吴国所遭受的奇耻大辱了吗？

邗沟开凿

作为胜利者的夫差得意忘形，他不考虑吴国的基本国情，短时间内开凿了一条长达160千米从扬州到淮安的水道，用来运送军队和粮草，支持他北上争霸的梦想。

夫差的北上进程困难重重，接连数次出师不利，士兵和民众都疲惫不堪，吴国的综合国力也被不断消耗。公元473年，恢复了元气的越国将吴国彻底消灭，但吴王开凿的那条水道——邗沟，却成为日后大运河最重要的组成部分。

运河初探

秦灭六国后，建立了中国历史上第一个大一统王朝，定都咸阳。

咸阳地处关中，关中地区所产粮食不足以供给咸阳，而秦的经济中心陶位于关东，两地距离遥远，于是运河在其中发挥了巨大作用。

陶在济水河岸，咸阳在渭水河边，通过黄河连接，这三条河流的贯通为秦代的漕粮运输提供了方便。陶地运来的粮食，除了本地区生产的之外，还有一部分来自菏水流域和江淮流域，通过战国时期开凿的鸿沟进行运输。

富甲江南

刘邦建立汉朝，跟着他屡立战功的刘濞被分封到资源丰富的江南地区。刘濞分析天下形势，认为“盐”和“铜”是最重要的两种资源，前者是生活必需品，后者可用来铸造钱币，一本万利。于是他煮海为盐、开山铸铜，囤积了大量物资。

为了解决运输问题，刘濞以邗沟为基础，将他所统治的吴国通过运河连接沟通，盐和铜在水道上川流不息。刘濞赚取了大量财富，其他地方的粮食和兵器也不断向吴国汇聚。

丝绸之路

文景之治后，年轻的刘彻登上皇位。他不再满足于先祖们对匈奴委曲求全的政策，开凿运河、囤积粮草、驯养马匹、操练士卒。在卫青、李广、霍去病等将领的努力下，匈奴被打得丢盔弃甲、狼狈不堪，一条完整的商业道路被彻底贯通。

自此之后，沿路都在享受着财富带来的美好，文明与技术也在商品交易的过程中完成交流和融汇。

曹魏修河

东汉末年，群雄割据、战争不断，汴河长期得不到有效维护，从而导致很严重的淤塞。作为漕运网络的中枢，汴河出现问题，整个漕运网络自然也就瘫痪。

经过数年征战，曹魏政权控制了中原地区。在曹操的主持下，陆续开凿了贾侯渠、讨虏渠、广漕渠，并对建安七年（202）局部整治的汴河进行了全面修复。经过这次整治，汴河重新恢复了漕运枢纽的功能。

经济南移

经过几代人的经营，南方地区发展非常迅速。因为战乱选择迁徙到这里的北方居民，不仅为这片土地注入了更多活力，还带来了先进的农业生产技术和科学发展理念。他们培植农业、建造房舍、兴修水利，让过去不太受重视的南方焕然一新。

优越的自然条件、良好的土地资源和深厚的人文底蕴，南方地区厚积薄发，经济重心南移已经成为必然。

坐镇扬州

杨广在继位之前，担任过一个非常重要的官职——扬州大总管，主要职责就是恢复生产，对江南地区形成有效管理。

经过几代人的经营，江南已经是举足轻重的产粮纳税区，除满足本地区的生产生活外，还创造了大量剩余物资。通过便利的交通，这里也成为全国最重要的商贸区之一，此时江南的重要性已经超越了传统的统治中心——关中。

开土动工

初登皇位的杨广明白，如何将干燥的华北地区和湿润的华中、华南地区连接，是一个重大的政治问题。中国的河流多为东西走向，可物资的运输又迫切需要南北向的河流。这个时候，杨广展现了一个统治者的决断。

大运河的开凿被提上日程，圣旨迅速下发并贯彻执行：在全国范围内征发民工，不惜代价不计损耗，用人力完成这项不可思议的伟大工程！

横贯九省

工程被分成三段：

大业元年（605）三月，开凿通济渠，征发河南淮北民工百万人，同时整修邗沟，征发淮南民工十余万人。

大业四年正月，开凿永济渠，征发河北民工百余万人。

大业六年十二月，开凿江南河，征发民工数十万人。

这是一次高效率的土木工程作业，用时短、质量高，将其称之为中国古代社会的水上高速公路一点也不为过！

琼花一梦

工程完成得无可挑剔，尤其是淮扬段运河，两岸的御道还种上了杨柳，杨广的龙舟经过，场面非常壮观！

天下最富饶的几个省份被运河成功连接起来，物资流通从未如此方便。洛阳成为这一切财富的终点，粮仓中堆满了粮食，库房中钱币堆积如山。这种将天下财富牢牢把握在手中的感觉，让年轻且骄傲的帝王飘飘然！

逐粮天子

作为唐朝都城的长安，因为不通运河，初期爆发过数次粮食危机。

考虑到洛阳水陆交通便利，唐高宗将洛阳定为东都，并且一直赖在洛阳不肯走，偶尔回一趟长安，一旦粮食短缺，就迅速带领大家往洛阳跑，一点儿也不犹豫！

人们送了他一个外号——逐粮天子，意思是哪里有吃的就往哪里跑，讽刺之意不言而喻。

大唐长安

最终解决这个问题的是裴耀卿，他所贡献的方案叫转搬法。从江淮一带到长安，被分为三段，长江段水深、运河段水浅、黄河段水急，裴耀卿根据三条河不同的水性，选择当地熟悉水情的船夫分段运送，既提高了效率，又降低了风险。仅仅三年，长安城就获得了稳定、充足的物资供应。

此时的长安，迎来了历史上最灿烂的时期。通过运河，富有中国特色的商品在世界各地流通。

五代世宗

五代末期的周世宗仅仅用了五六年时间，就取得了秦陇，平定了淮右，收复了三关，基本削平了当时主要的藩镇割据势力。

征战同时，周世宗一直重视漕粮运道的修复。显德二年（955），对汴渠旧堤进行疏浚，让运河东能够到达泗水；显德五年三月，又疏浚汴口，确保了江淮地区的流通；显德六年，又于运河口设立水闸，控制水量，保证了运道的稳定。在他的持续努力下，江南经济中心和北方政治军事中心形成了有效贯通。

京师压力

漕运对于北宋政府来说，其重要性远大于之前的任何一个王朝。由于“强干弱枝”的基本国策，大量禁军屯集在京师附近，给京城造成巨大的供给压力。按照宋朝政府的规定，每年运向京师地区的粮食总量达 722 万石。

北宋的漕运路线，主要是由长江入运河，由运河入淮河，最后由淮河入汴河，然后抵达京城。但这个时候淮安段的淮河河道水势汹涌难以控制，经常性地发生事故，漕运常常得不到保证。

转运淮南

乔维岳因为平叛有功，升为淮南转运使。他上任第一件事，就是处理淮河的水运问题。经过仔细考察，他选择了开凿沙河故道——从末口到淮阴磨盘口共四十里的河道。为了更好地控制水位，保证载运量比较大的船只能顺利通过，他还修建了两道闸门，通过闸门的闭合开启，起到正常通航和排涝泄洪的作用。这个技术是当时世界首创。

在乔维岳的努力下，淮河在很长一段时间里，都能为中央政府提供充足稳定的物资。

苏杭盛况

南宋时期的杭州，可以说是当时幸福感最高的城市。

杭州城水路通达，各项物资通过水道汇集在杭州。走在杭州的集市上，各种工艺品应有尽有；鸡鸭牛羊各色鱼类供给充足；时令菜蔬新鲜水果和口味丰富的调味品，在杭州的集市上都能够找到。

这样的盛况，无不得益于江南运河以及浙东运河对沿线城市的滋养。通过运河，人们的一切需求都能够得到满足！

海运尝试

元朝初期，由于水流不足、河狭水浅，大型漕船很难通过运河，因此元朝政府非常注重海上航线的开发。

经过多次尝试，确定了刘家港到天津这条路线，10天左右就能完成航行。该条线路的开拓成功，奠定了元代“漕粮海运”的格局，每年由海道运往京师的漕粮，达360万石之多。但海上航行风险较大，不可控因素较多，几乎年年都会发生事故。

水利六策

1259 年，忽必烈登大汗位。他是一个拥有远大志向的人，号召手下的官员为他推荐水利方面的人才，提高全国的粮食产量。

郭守敬在张文谦的引荐下，得到了忽必烈的召见。他条理清晰地针对华北的现状，向忽必烈提出了六条建议，基本解决了华北地区的灌溉和漕粮运输问题。忽必烈对郭守敬赞赏有加，他说要是手底下的官员都像郭守敬一样尽职负责，还有什么事情是做不好的呢！并授予郭守敬“提举诸路河渠”的职务。

运河之星

忽必烈经过综合考虑，决定修建南北大运河，主要的工作自然落到了郭守敬的头上。

郭守敬不辞辛苦，前往各处河段进行实地勘测，绘制图纸、实施工程预算，在很短的时间里，就上奏了一份详细、具体的工程计划，保证了后期施工的顺利。为了让漕粮能不间断地从江南直达北京，郭守敬还对北京城进行了全面改造，从功能分区、城市用水、城市发展等角度，对北京城进行合理规划。这些举措，对北京城的未来影响深远。

祸起运河

1348年，元朝动荡不安、烽烟四起，面对这样的情况，统治者心有余而力不足。正在此时，黄河在白茅口决口，严重影响了运河的正常运输，丞相脱脱派遣贾鲁作为工部尚书兼河防使前去治理。贾鲁征调了附近数十万民工，加上沿线的几万驻军疏浚河道。可负责工程的官员勒索贪污中饱私囊，导致本就不多的经费更加紧张，不仅参加治河工程的民工填不饱肚子，运河沿线的民众更是大受其害，大家都对政府充满怨气。

漕运兴盛

为了将南方的物资运送到北方政治中心，一套完整的漕运制度显得尤为必要。一个以漕运总督为核心的漕运管理部门成为大运河的主宰，大小各级官员、12万漕兵、1万多艘漕船，全国上下物资在他们的统筹协调下，源源不断地在大运河上穿梭往返。漕运部门成为封建王朝绝对的核心部门，大运河也成为整个国家的命脉。

康乾盛世作为封建王朝灿烂辉煌的尾声，在历史舞台上拥有无可比拟的地位，稳定的国家环境让小农经济发展到顶峰，漕运工作的稳定实施，保证了整个国家的良好秩序。为此，康熙、乾隆两位皇帝在位期间数次巡视南方，围绕漕运、河道两大部门，对工作进行指导巡查。

事必躬亲

安徽濠州出了个朱元璋，在与各大势力的角逐中，他的军事才能和用人识人的眼光也得到了充分体现。

经过多年征战，朱元璋成为最后赢家。他综合多方面考量，将都城定在南京。这个时候的北方，大运河基本处于瘫痪状态，无法正常运行，被驱逐到关外的蒙古还在虎视眈眈，时不时出兵袭扰。朱元璋一面派遣精干将领守卫边关，一面亲力亲为兴修水利、鼓励农业，因战乱而千疮百孔的土地重又焕发出生机。

靖难之役

朱棣发动了“靖难之役”，最开始他所能调动的军队不过数万人，而朱允炆却拥有全国的人力物力，可是几次派兵围剿都无功而返。不到两年，朱棣的大军从全面防守转变为全面进攻，眼看就要打到南京城了。

手底下人安慰朱允炆，说皇上你不要担心，朱棣带来的都是北方士兵，他们不熟悉水战，长江天险可保南京。可是第二天，朱允炆就接到了长江水军都督陈瑄率部投降的消息，这位帝王面如死灰，他知道，自己已经无人可用、无兵可派了。

由南到北

朱棣把都城定在了北京，这是他过去的封地。他知道北方的蒙古蠢蠢欲动，如果不亲自坐镇，万一他们大举进攻，边境地区从指挥到调度都非常不方便。可是，定都北京遇到的难题也不小，官员、军队、宫廷服务人员一下子增多了好几倍，这些人的生活都必须安排妥当，还有城市的建设物资、官员的俸禄开销、皇室的日常用度……这些东西，大部分都需要在南方地区征集，该怎么运往北京呢？

肩挑重担

明朝最开始遵循的是河运、海运兼顾。但是海运很不稳定，受到洋流、风向的干扰，总是发生事故；而河运因为部分河段堵塞干涸，常常走走停停，有时干脆就走不动了！特别是淮安段运河，隔三岔五就会出一些问题，严重影响整体运输效率。

朱棣反复思量，最终做出决定，在靖难之役中立下大功的陈瑄被封为“漕运总兵官”，总体负责漕运事务。上任之初，朱棣叮嘱陈瑄，漕运是国家最重要的一项事务，而淮安又是漕运路线中的关键，朕就拜托你了！

漕运中枢

如果将那时的中国比作一条蛇的话，运河就是它的七寸。

来到淮安的陈瑄立马投入工作，通过实地勘察、科学论证，最终确定的方案是疏浚整修北宋乔维岳修凿的沙河。工程进展非常顺利，设置了移风、清江、福兴、新庄四闸，用于调节水位，这些工程最大限度地保证了运河淮安段的稳定。而其他几个存在隐患的运河节点，也得到了有效的维护修整，源源不断的物资通过运河流向了北京。

清江船厂

漕船是整个漕运系统中非常重要的组成部分，选择一个合适的地方造船，对船只建造的各个环节实施严格管理，是漕运负责人必须重视的问题。

陈瑄稍加思考，就在淮安建了大型船厂，定名“清江船厂”。淮安不仅是运河的核心，更是南北分界的中心，从运河全段的角度来衡量，其位置也最为适宜。清江船厂出产的漕船，载运量达两三千石，工艺精良、质量上乘，达到国内一流水平，有力地保障了国家漕运事业的正常运转。

镇守淮安

考虑到淮安地区对于运河全线的重要意义，陈瑄被长期派遣驻扎淮安，并加授“镇守淮安”职衔，总管漕运事务30多年。鉴于他对大明王朝漕运事业的突出贡献，他被追封为平江侯。陈瑄有不少后人依旧为明朝的漕运工作服务，其中有几个还当上了漕运部门的高级官员，这也算是对先辈事业的一种继承吧！

在这之后，漕运总督正式成为常设官职，时人评价这个职位：职责关键，地位显赫，权势滔天！

运河山东

山东段的运河在朱棣统治时期，有三分之一的河段已经不能通航，漕粮运到这里，需要改为陆路运输，沿线的军民为此苦不堪言。

济宁的地方官潘叔正上奏反映这个问题，请求疏浚会通河，朱棣马上批准了，并且派遣工部尚书宋礼负责具体的河务工作。宋礼非常慎重，在确定方案后，征发了30多万民工开始治河工作。可是疏浚结束后，主线河道会通河却一点水也没有。宋礼为此非常着急，尝试了很多方案，可并不能解决这个问题。

呕心沥血

宋礼听说附近有位叫白英的治水专家，对会通河很有研究，数次登门拜访。白英被宋礼的诚意所打动，答应出任治河的总工程师。他告诉宋礼，没有水，是因为这一段是整个运河的最高点，相当于水脊的位置，需要调引汶河的水源和附近的山泉水才能保证会通河的水量。白英不辞辛苦，整日陪着宋礼坚守在治河第一线，几经周折，在济宁附近修建了多个“水柜”，拦截河水储备水源，保证了运河主河道的畅通。但这位可敬的工程技术专家却因为过分辛劳，没能等到朝廷对他进行封赏，就积劳成疾，病死在治河工地上。

治河保运

明代的治河受到很多方面因素的限制。比如淮安、凤阳，是朱元璋的祖陵所在地，无论你想什么办法，哪怕是放水冲垮农田房舍，都不能对这两个地方造成任何影响。而“治河保运”这两者也必须分个轻重，对于封建王朝来说，保证大运河的正常运输，确保漕运物资如期送达，是最最重要的。治河的工作对运河两岸的民众来说非常重要，但就算做得再好，如果漕运不能如期完成，也会被朝廷问责。这几项工作经常发生冲突，让主管漕运的官员非常头疼。

铁腕强权

万历时期，河患严重，连续派了好几拨人都无功而返。谁是最合适的治河人选呢？朝廷为此争议不休。

这时候，潘季驯进入了大家的视野。这人不同于其他科举出身的官员，他注重实践、善于总结，能够亲赴一线，结合实际情况，调整甚至推翻已经制定的计划。在江西执政期间，不仅把地方的行政事务处理得井井有条，还主持修建了一套水利工程。

大明铁相张居正当机立断，终止了这无谓的争执，将权力集中在潘季驯手中，并对他提出的请求，一一予以解决，全力支持他的治河工作。

束水攻沙

潘季驯总算能够放手一搏了！保运的重点在于黄河，潘季驯是江南人士，最开始对黄河认识不深，近距离观察黄河，他立马就明白问题的严重性，确实是“一碗黄河水，八分是泥沙”！看着浑浊不堪的黄河，他知道，河道淤积就是因为大量的泥沙，只要泥沙问题解决了，治河就成功了一大半。

潘季驯设计的方案总结起来就是八个字：“蓄淮刷黄，以清敌浑”，他修筑堤坝，缩小河道之间的距离，加强水流的冲击力，利用较为清澈的淮河水，将黄河淤积的泥沙一下子冲走，以此解决黄河泥沙的问题。

水上长城

高家堰附近的决口又大又深，并且水流十分迅疾，在这之前，也有不少官员进行过堵塞决口的尝试，但全都失败了。潘季驯没有被这些困难吓倒，他屡战屡败而又屡败屡战。刚刚筑造好的堤坝，一阵大水经过，又将它冲毁了，潘季驯立即组织人员重新修筑，站在刚刚修好的堤坝上不肯离开，以此表示自己完成任务的决心。正是靠着这样的恒心和毅力，高家堰大堤最终顺利完成。

高家堰大堤的修筑，不仅有效维护了运道的畅通，更成功地捍卫了堤坝后方的万顷良田。

四防二守

潘季驯还非常重视工程的监督管理。他的工程管理思想，大致可以概括为“四防二守”。“四防”指的是：风防、雨防、昼防、夜防，意思是不管什么样的气候条件，也不论在什么样的时间段，都必须保证有专人值班。“二守”指的是：官守和民守，在他看来，水利工程不仅是政府部门的义务，更是沿岸民众应该承担的责任，双方的通力配合是河防成功的关键。

鞠躬尽瘁

因为受到张居正事件的牵连，潘季驯被降职赋闲，但是当运河出现问题，朝廷下旨征召，已经年老体衰的潘季驯仍旧毫不犹豫地赶赴现场，风里来雨里去，全心全意为国家奔波。

20世纪，我国水利部门请来了一批当时世界最为出众的水利专家，研究中国的水患问题，他们不约而同地提出了潘季驯曾经执行过的工程方案。当他们得知这在16世纪就已经被付诸行动，万分惊叹的同时，纷纷对这位老者表示由衷的敬佩！

国之血脉

对于中国这样一个疆域辽阔、人口众多的国家来说，稳定与平衡是重中之重，在历史上承担这一重任的，就是大运河。

明朝时，大运河最基础同时也最主要的任务，就是运输漕粮。漕粮的最终目的地是北京，首都的人口本来就多，再加上大小官员、皇室贵族以及边关驻扎的几十万军队，这数百万张嘴的吃饭问题，全部依靠 12 万漕兵和他们的 1 万多艘漕船。位于淮安的漕运总督府就是负责以上工作的最高行政部门，因为职权的重要，皇帝大多派遣最为恩宠的官员担任漕运总督。

广厦将倾

今年通过运河送到北京的各项物资又缺斤短两，甚至比去年的份额还要少。可各地实际的需求量却大大增加了，漕运的路线被各家起义军分割包围，其中有好几段都已经无法正常通行。保卫漕河的漕兵，死的死逃的逃，只剩下一些老弱病残，闯王李自成的队伍几乎无人能敌，都快要打到北京城了。

面对这样的危局，尽管勤勉的崇祯皇帝夜以继日、厉行节约，但面对这个烂到骨子里的王朝，这不过是他的垂死挣扎罢了！

少年天子

年轻的康熙皇帝在大殿上来回踱步。作为一个刚刚把政权握在手中的少年天子，一方面他对未来踌躇满志，想要大干一场，另一方面又对这个民生疲敝的国家充满担忧。

对于大清这样一个新生政权而言，哪些事情是最要紧的呢？康熙在大殿之上反复徘徊。他想，天下老百姓最想要的，无非就是安安生生过好日子，只要让他们有田种有粮吃，就一定会拥戴自己。这么一想，他总算理清了这个庞大国家的千头万绪，挥笔在纸上落下了“三藩 河务 漕运”几个大字。

治水八疏

在国内形势基本稳定的前提下，康熙将主要精力放在了治河治运上。这时候，黄河、淮河泛滥严重，可现任的河道总督一点办法也没有。经过综合考量，他选择靳辅来主抓这项工作。

靳辅刚一上任，就表现出了极强的责任心。他连续向康熙上了八道奏疏，阐述自己的治水思路。从奏疏中明显可以看出，这是经过充分实地考察后做出的方案，康熙对此赞赏有加并勉励大臣们以靳辅为榜样。在靳辅的努力下，水患得到了有效控制，他的治河工作初见成效。

康熙南巡

康熙对靳辅提出新的要求，希望他能在里下河水患的问题上有所作为，并且按照自己的想法，对里下河的治理方案做出明确批示。靳辅综合考察后认为该方案并不可行，拒绝了康熙的建议。康熙为此非常恼怒，听信诬告将靳辅免职。

几年后，康熙南巡，主要的行程是去河道第一线巡视，特意让靳辅随行。到了现场一看，靳辅治理过的河道，堤坝稳固、河道平缓，人民安居乐业。康熙感到非常欣慰，当场承认自己的错误，将靳辅官复原职。

漕运总督

封建王朝的漕运制度在这个时候基本确立，漕运总督全面管理漕运，对类如漕米漕面、山珍海味、油盐酱醋、棉布丝绸、金银珠宝、瓷器摆件、木料石材等实施统一的征收转运。在规定的时间里，漕运衙门必须完整无误地将它们运送到指定地点进行收储，而这些物品的最终目的地一般是北京。皇帝对这项工作非常重视，除了经常召见漕运总督问话之外，在漕运的季节，还会派遣钦差大臣监督漕运工作的开展。

天下粮仓

漕运粮仓的选址必须慎之又慎：首先要临近运河港口，便于漕运船只卸载和装运；其次仓储量要足够大，可以应付大批量粮食的收储；为了防止粮食霉变，还要铺上芦席、干草之类的物品防潮防湿；接到命令需要长期储备的，还要定期拿到室外翻晒。

每到漕粮过境的时间，粮仓库房前车马川流不息，民工夜以继日，漕兵护卫二十四小时在门口值守，一刻也不敢怠慢。主管的官员也必须亲临现场，随时向朝廷报告。

两淮盐商

康熙、乾隆两位皇帝在位期间，多次南巡，对漕运、河道实地勘察并做出评价。两淮盐商得到消息，很快就筹集了一笔数目庞大的款项，他们将皇帝可能经过的街巷，全都铺上了丝绸、锦缎，路两旁点上了熏香，摆放了无数奇花异草，真可谓“不似天堂胜似天堂”！

有些商人为了争夺接待皇帝的机会，更是不惜重金贿赂负责接待的官员和随行的近臣太监，希望他们能把皇帝带到自己家里，借此光耀门楣。

涅槃新生

随着现代交通的发展，漕运逐渐成为一种保守落后的交通运输方式，但因为太多官员在这项事务中捞取好处，长年累月形成了一个庞大的利益集团。他们依靠压榨底层劳动人民牟取私利，心安理得地享受奢靡的生活，所以当部分“有识之士”想要进行改革，这些人就以“祖宗之法不可变”的理由强行压制。

列强的坚船利炮给这个陈腐的政权以迎头痛击，漕运制度也在清政府的腐朽无能中宣告破产。漕运时代虽然终结，但属于大运河的新生却更加精彩。随着申遗成功，大运河的无穷潜力被彻底激发，无数国人扬帆河上蓄势待发，一个个中国梦在大运河上孕育成长！

不堪重负

漕粮征收的过程，对于人民来说，无异于一场灾难！

为了让负责征收的官员收下他们辛苦耕种的粮食，民众煞费苦心，他们额外准备了酒席银两，用来打点那些负责的官员。可就算如此，某些贪官污吏仍旧不满足，他们带来的计量工具比正常的标准大得多，一斗的容器却能装到一斗半粮食，装满了他们还假装看不见，一直到堆得老高的时候才很不情愿地喊停。民众感到不堪重负，却对此敢怒不敢言，稍有不满，就会被扣上逃避税收的罪名遭受更重的处罚。

力排众议

在“漕运第一”的思想主导下，主管官员完全不在乎沿岸民众的死活，运河水量不够，就把闸门一关，全然不顾民众有没有灌溉的水源；而一旦水量超过标准线，可能会引发决堤危险，也不管老百姓的死活，立马开闸放水，人们经营多年的家园，顷刻间就会变成一片泽国。

道光四年（1824），高家堰大堤决口，淮扬地区完全被淹没，漕运几乎瘫痪。道光皇帝趁着这个机会，力排众议，要求将原本通过大运河运输的粮食转而通过海路运输，以此减轻民众负担。

漕粮海运

道光六年（1826）春，在关天培的带领下，1200 多艘沙船满载漕米 120 多万石，从吴淞口起航北上。

经过数月的努力，漕粮海运顺利完成，押运的沙船如期到达港口，节省了 20 多万两银子和 10 余万石米粮。道光皇帝对此非常满意，重赏了参与此次任务的各级官员，对关天培更是多次召见以示恩宠。道光本想继续推行“漕粮海运”，可在朝中官员的激烈反对声中，等到来年河道形势好转，不得已又恢复了漕运。

哭天喊地

光绪六年（1880），爱国将领刘铭传递上奏折，提出北京到清江的铁路建造方案，光绪皇帝非常重视，密令李鸿章等大臣商议讨论。谁知道消息传出去，江南地区的乡绅大为惊慌，非常担心这会影响他们的漕运生意。他们哭天喊地，表示修建铁路会破坏风水，截断清政府的龙脉，还进京游说，铁路一旦修建成功，国家就不再需要漕运，那么那些从漕运中捞取油水的官员们将再没有好处可得。这样一折腾，整个朝堂全是反对铁路建造的声音，最终，铁路计划不了了之。

漕粮改折

可笑的是，最后促成漕粮海运顺利实施的，竟然是外国侵略者的坚船利炮。

因为众多不平等条约的签订，清政府实在难以应付这数量庞大的赔款，外国侵略者咄咄逼人，一分一毫都不允许拖欠。慈禧太后万般无奈，考虑到前些日子英国人攻占镇江，阻止漕船顺利通过，对朝廷造成很大的威胁，并且维护漕河的经费也已经力不从心，权衡之后，同意民众将缴纳的漕粮部分折算成银钱用于对外赔款，而必须保证的漕粮也交给轮船招商局从海上负责运输。

落日残晖

可弱国终究是无外交的，轮船招商局负责运送漕粮的“福星号”被英国怡和洋行的“奥顺号”在海上撞沉，漕粮全部沉入了大海，65人死于海难。“奥顺号”在海难中存在明显过错。面对这个毫无争议的海上交通事故，清政府满以为凭借法律能够讨回公道，谁知道英国司法部门百般包庇，不仅没能伸张正义，就连数额有限的赔偿都不能如数讨回，这是多么可悲的事实啊！国家不够强大，民众受到欺负都无处喊冤！

漕运新生

光绪三十年（1904），内忧外患的清政府将事实上已经无事可做的漕运总督改设为江淮巡抚，第二年又将江淮巡抚裁撤，漕运总督的历史正式宣告终结。之后的中国，战乱频繁，大运河的大部分河段都处于瘫痪状态。

新中国成立后，大运河获得了新生，在党和国家的关心下，运河各段根据实际情况进行了全面规划，大部分航道恢复通航，财富和机遇重新在这条黄金水道穿梭流转。

2014 年 6 月 22 日卡塔尔多哈，第 38 届世界遗产大会执行主席宣布：中国大运河，申遗成功！

老神仙

你看啊！这样宏伟的工程，就在中国人民的创造努力下，梦想成真！并且至今还为国家的经济发展、人民的生产生活发挥着作用！

玥玥

这真是一个伟大的民族、传奇的国家，相信他们会创造更多的成绩让世界瞩目，祝福他们！

后　记

两千多年、数千公里、贯通南北；世界最长、开凿最早、规模最大：这所有的数据和记录让作为书写者的我压力巨大、诚惶诚恐，我把自己扔进了书房，为每一个典故和数据反复纠结，我来到运河沿线的一个个节点，比对资料所述沉吟思考……书稿图画历经数次修改我仍旧不能放心，因为这是一本写给孩子的书，一点失误都不能容忍！

我的家乡淮安，历史上与苏州、杭州、扬州并称运河沿线的“四大都市”，是全国漕运指挥中心、河道治理中心、漕粮储运中心、盐榷税务中心、漕船制造中心，素有“南船北马、九省通衢”的美誉。住在运河长在运河的我，运河是我的过去现在未来，这样的责任和使命让我的书写势在必行！

这是一本亲子读物，希望此刻翻开绘本的你，能和自己的孩子一同成长；这是一粒中华文明和历史的种子，种在孩子的心间，将来定会萌芽绽放，光彩夺目！